Edgar A. Eubel | DRUCKAUSTAUSCH
Zeichenbücher aus dem KUNST-ARCHIV PETER KERSCHGENS

Saarländisches Künstlerhaus

30. November 2006 – 7. Januar 2007

Apparat III | 2003
Papier, Pappe, Leim, Draht, Holz, Acryl | ca. 200 x 60 x 30 cm

Apparat I | 2001
Papier, Pappe, Leim, Draht, Acryl | ca. 100 x 80 x 40 cm

Frontispiz | *aus dem Buch:* **01 – 03/04 z.H.** | Seite 10/11 | 2004
Mischtechnik auf Papier | 38 x 33,5 cm

... da tat sich eine Pandorabüchse, ein Äolsschlauch von Phantasien auf. Ihr Geister! Wie gern´ wollt ich Grenzensteine verrücken und unrechtes Gut einsammeln, wenn ich dadurch die Geister-Maskenfreiheit überkäme, daß ich in schrecklicher Gestalt umgehen und jedem Schelm, der mir gefiele, das Gesicht zu einem physiognomischen Anagramm umzeichnen könnte. Bald würd` ich vor dem Oberkriegskommissar als ein sanfter Haifisch gähnen – bald einen welken roué mitten in seinen impedimentis canonicis als eine Riesenschlange umhalsen wie den Laokoon – bald vor einem Sortiment von Bratenröcken, das die Käferfreßspitzen schon in die braune Pastete setzt, aus dieser belebt und naß aussteigen als gräuliche Harpyie ...

Jean Paul | **Des Luftschiffers Gianozzo Seebuch**

Michael Jähne | **Zu den Arbeiten von Edgar A. Eubel**

Im äußeren Rahmen des Fahrtenbuchs eines Luftschiffes läßt Jean Paul die Hauptfigur seiner Erzählung eine überbordende, groteske Schilderung von deren Beobachtung der Welt und deren Bewohner geben, die zu einer surrealen Bilderflut anwächst. Ebenso wie sich im literarischen Werk Jean Pauls Beobachtungen, Gedanken, Notizen märchenhaft, fabelhaft umgedeutet zu einem surrealen Panoptikum bilden, so fixieren die Zeichnungen Edgar A. Eubels eine Welt flüchtiger Phantasmagorien des Luftraums hinter der Realität, einer Parallelwelt der Erinnerungen, Ängste und Träume. So bilden seine Zeichenbücher ein Logbuch des gedanklichen Sehens, visualisieren das sonst Nicht-Sehbare, werden Sehbücher. Die Zeichenbücher Eubels sind jedoch keine Solitäre, sie sind eingebunden in sein gesamtes Schaffen. So liegen in seinem Werk Malerei und Zeichnung eng beisammen, schaffen Gleiches mit verschiedenen und doch verwandten Mitteln. Nun aber beim Betrachten der Arbeiten Eubels primär der Frage des Neben- und Miteinanders der beiden „Arbeitsweisen" nachzugehen, hieße, sich in Gefahr begeben. Die Gefahr besteht darin, angesichts des Ineinanderwirkens von Malerei und Zeichnung, beide „Arbeitsweisen" in ihrer unterschiedlichen Wirkung zu sehr gegeneinander abzugrenzen und eine andere, wesentliche Komponente zu vernachlässigen oder zu übersehen: das inhaltliche Element im Werk Eubels. Aus dem (zunächst einmal so zu nennenden) narrativen Aspekt seiner Bilder (oder Bildfindungen) ergeben sich die geeigneten technischen Vorgehensweisen ihrer Visualisierung. Dabei muss

Apparat II | 2003
Papier, Pappe, Leim, Draht, Acryl | ca. 90 x 85 x 30 cm

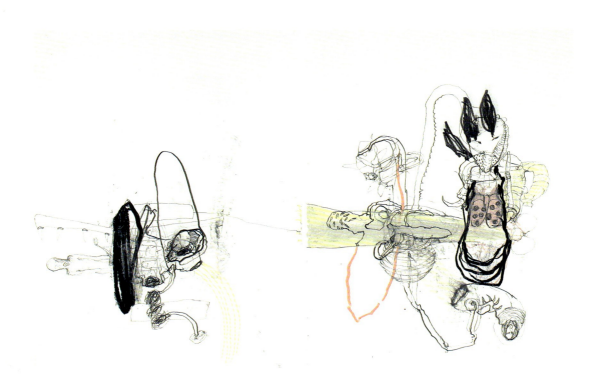

aus dem Buch:
4 – 5 – 6 | **Zu Hause** | Seite 4/5 | 2004
Mischtechnik auf Papier | 34 x 24,5 cm

zunächst der Begriff des Narrativen für Eubel etwas genauer eingegrenzt werden. Malerei und Zeichnung sind wie alle bildende Kunst Versuche der Welterfassung, Welterklärung und -verdeutlichung mit den Mitteln der Selektion, Separierung, Verdichtung und Pointierung – mit der Konzentration auf einen oder mehrere Aspekte, auf eine essentielle Aussage. Die „Welt in ihrer chaotischen Unüberschaubarkeit"[1] wird in der Erfassung durch Malerei und Zeichnung in einem oder mehreren ihrer Aspekte erfasst oder besser: komprimiert und darin/damit visualisiert, erklärt und gedeutet. Das vermeintlich unüberschaubare Chaos wird damit als Teil des strukturierten Kosmos erkennbar – in dem der Künstler durch seinen kompositorischen Eingriff die Existenz von Strukturen im scheinbaren Chaos deutlich, ja erst sichtbar macht, den Wesenszug von Kunst schlechthin erfüllt, um Paul Klees viel zitierten Satz aufzugreifen: „Kunst gibt nicht das Sichtbare wieder, sondern macht sichtbar"[2]. Weiter heißt es in Klees Text: „Schemen- und Märchenhaftigkeit des imaginären Charakters ist gegeben und äußert sich zugleich mit großer Präzision". Paul Klee bezieht sich damit zunächst auf graphische Arbeiten – die Zeichnung hat ja auch bei Eubel einen wesentlichen Stellenwert – weitet seine Betrachtung dann auf die Malerei aus. Für die Betrachtung des Werkes von Edgar A. Eubel ist aber von entscheidender Bedeutung, wie Klee seinen Hauptsatz („...macht sichtbar...") im weiteren Textverlauf präzisiert und damit Grundlegendes für die zeitgenössische Kunst formuliert – vor allem aber die Gültigkeit seiner Aussagen wesentlich über den Bereich weitet, für den sie bevorzugt reklamiert wird. Klee schreibt: „Früher schilderte man Dinge, die auf der Erde zu sehen waren, die man gern sah oder gerne gesehen hätte. Jetzt wird die Realität der sichtbaren Dinge offenbar gemacht und dabei dem Glauben Ausdruck verliehen, dass das Sichtbare im Verhältnis zum Weltganzen nur isoliertes Beispiel ist, und dass andere Wahrheiten latent in der Überzahl sind."[3] Edgar A. Eubel schildert etwas der Welt eigenes, macht sichtbar, zeigt isolierte Beispiele, kleine Teile des „Weltganzen", verknüpft mehrere zu Komplexen, zeigt aber keineswegs die „Welt in ihrer chaotischen Unüberschaubarkeit", sondern einen Teil dessen – das mag man so akzeptieren oder nicht – was wir als Kosmos bezeichnen, der das Gegenteil von Chaos ist. Die genannte „Unüberschaubarkeit" ist nicht Unordnung – sie ist eine andere Ordnung. Eubel ordnet nicht, sondern macht Ordnung = Kosmos = Welt bzw. Teile davon sichtbar. Diese Schilderung dessen, was welteigen ist, gewinnt in Eubels Gemälden etwa der Jahre 1993 – 2005 eine überbordende Fülle kleinteiliger Bildelemente. Fast möchte man von einem horror vacui sprechen, so überziehen Formen, Liniengerüste, Farbschleier den Bildgrund, treiben auf Ornamenthaftigkeit zu, ständig gebrochen in irritierender Un-Zusammengehörigkeit. Sven Drühl schreibt zu Edgar Eubel: „In beinahe allen seinen Arbeiten finden sich Anthropomorphismen sowie tierische und menschliche Formen, die zusammen wachsen, aus dem Nichts entstehen

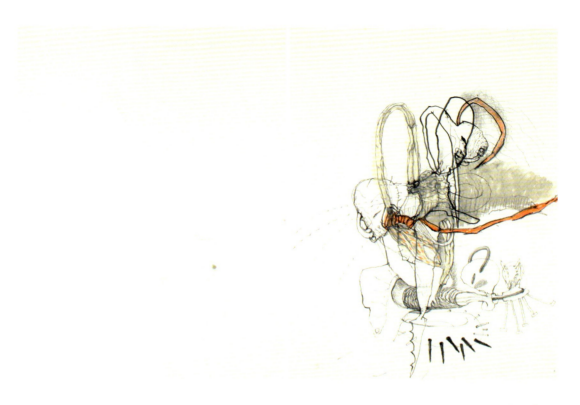

aus dem Buch:
4 – 5 – 6 | **Zu Hause** | Seite 18/19 | 2004
Mischtechnik auf Papier | 34 x 24,5 cm

und mit architektonischen oder völlig freien Formen kombiniert sind. Aktuelle Visionen."[4] Der Visualisierung des Schillernden, Vexierbildhaften, Schemenhaften, Visionären ordnet Eubel seine formalen Mittel unter – oder liegt nicht etwa gerade in seinem Ansatz, Malerei und Zeichnung so eng zu verzahnen, ein wesentliches Element, welches das Wesen seiner Schilderung geradezu evoziert?! Das Wechselspiel von Zeichnung und farbigen Flächen sowie die sehr unterschiedlichen Funktionen der beiden Techniken, zwischen denen die Arbeiten ständig hin- und herpendeln, prägen den Charakter der Darstellungen. Die Malerei – fassen wir hier mit diesem Begriff das Schaffen farbiger Flächen zusammen – begründet in der Art, wie Eubel die Farbe aufträgt, den Charakter des Schwebenden, Unfestlegbaren, Diffusen, sich Entgrenzenden. Insofern kommt der Malerei durchaus die Funktion der Entgrenzung zu – einerseits. Andererseits lassen die dünn, ja sogar nur lasierend aufgetragenen Farbschleier, „Farbhäute", bewegliche und bewegt wirkende „Farbvorhänge" Räumlichkeit entstehen, die unfestgelegt, unergründlich, schwankend, sich verändernd, geheimnisvoll erscheint. Das malerischste Element, die Farbe, entgrenzt und definiert zugleich und trägt damit eine wichtige Rolle in der Komposition (im Bildganzen). Gleichzeitig übernimmt die Farbe, aufgetragen in pastosen Linien, Funktionen der Zeichnung: die Kontur eines organoiden oder zoomorphen Gebildes öffnet sich, vollendet sich nicht, deutet die Wesenheit, die sie zu schildern begonnen hat nur noch an, lässt sie schemenhaft, flüchtig erscheinen, sich auflösend, entgrenzend. Andere Linienkomplexe wirken ornamenthaft, wie Zeichen, Symbole, Totems, gewinnen piktogrammhafte Wesenheit. Die geheimnisvollen Raumverschachtelungen, welche die Farbflächen in den großformatigen Gemälden bilden, evozieren, werden in den Zeichnungen – besser: den zeichnerischen Arbeiten – besonders in den Zeichenbüchern, abgelöst durch eine offene Komposition. Dabei sind die Zeichnungen keine „rein" zeichnerischen Blätter, vielmehr enthalten sie zahlreiche malerische Elemente, sind zwischen beiden Genres angesiedelt – ähnlich, wenn auch weniger deutlich als die Gemälde. Die offenere Form der Komposition in den Zeichenbüchern etwa, das Sichtbarlassen der Grundfläche, ersetzt auf etwas weniger augenfällige Weise den mysteriösen Raumeindruck der Farbflächenkulissen. Die Lineamente und sparsamen Farbinseln scheinen im grenzenlosen, undefinierten Leerraum zu schweben, vor dem ungreifbaren Nichts, und wirken um so mehr als Phantasmagorien, die aus dem Nichts erwachsen, ihre Botschaft vermitteln, dem Unfassbaren, Geheimnisvollen Gestalt geben, Empfindungen auslösen, Erinnerungen und Träume hervorrufen und wieder ins Nichts zurück zu sinken sich anschicken. Die Schilderung des geheimnisvollen Leerraums durch die Grundfläche in den Zeichnungen übernehmen in den neueren Gemälden mysteriös lasierende Farbflächen. Die überquellende Fülle seiner Bildelemente: Wesen(heiten) zwischen Tierischem, Pflanzlichem

aus dem Buch:
Oktober/November| Seite 6/7 | 2003
Mischtechnik auf Papier | 32,5 x 26 cm

und Anthropomorphem, Chimären, Schemen, Phantasmagorien, Larven, Nachtmahren, Insektenhaftem, Kristallinem, aber auch Zeichen, Symbole, Runen oder amorphe Schleier, Nebel, Schlingen, Netze – all dies gewinnt mit seiner Fremdheit, Unheimlichkeit und Bedrohlichkeit surreale Gestalt. Der rasche Duktus zeichnerischer Arbeiten, ihr Charakter und ihre große Zahl – in den letzten Jahren zahlreiche Zeichenbücher – weisen auf das notierende Sammeln hin: Traumbilder, Erinnerungen, Ängste, die dem Künstler zu Skizzenbüchern, zum Material für die (komponierteren) Gemälde werden und sich später dennoch zu einem Kompendium eigenständiger Arbeiten zusammenfinden. Hier scheint Eubel in gewisser Verwandtschaft zur écriture automatique der Surrealisten zu stehen, ebenso in einer gewissen Tradition, einer gemeinsamen Grundeinstellung mit Hieronymus Bosch und Yves Tanguy etwa, einer Grundeinstellung aus der heraus Eubel seinen künstlerischen Weg findet, die eigenen Innenansichten zu Bildern werden zu lassen, die letztlich auch ästhetischen Ansprüchen genügen. So entstehen Kompositionen voller Lebendigkeit und Spannung zwischen vibrierenden Strichlagen und pulsierenden Farbschleiern. Dabei läßt sich in der Raschheit und Flüchtigkeit der hingewischt erscheinenden Farbhäute und skizzenhaften Strichführung der Zeichnung die Immaterialität ihrer Quellen immer deutlich erkennen. Diese Visualisierung innerer Bilder, die vor allem in den Zeichnungen die Unfassbarkeit ihrer Vorlagen immer noch bewahren, genügt Edgar A. Eubel nicht ganz. Er erschließt sich mit einem anderen „Medium", seinen plastischen Installationen, ein Instrumentarium, seiner Bilder noch besser habhaft zu werden. Die Visionen, so beängstigend wie sinnlich, werden von ungreifbaren Erscheinungen zu fassbaren Gegenständen. Die plastischen Arbeiten sind eng verzahnt mit den malerischen und zeichnerischen im Werk Edgar A. Eubels, sie sind „Form gewordene Elemente der Malerei, die sich scheinbar einfach aus der Fläche herausgelöst haben"[5] – unbegreifliche, schemenhafte Traumbilder sind (be)greifbar geworden – und bleiben dennoch rätselhaft.

[1] Ferdinand Ullrich, Malerei zwischen Zeichnung und Skulptur.
In: Edgar A. Eubel, Kunstverein Gelsenkirchen, 1993, S. 10f.
[2] In: Tribüne der Kunst und Zeit Nr. XIII „Schöpferische Konfession".
Herausgegeben von Kasimir Edschmid. Berlin 1920, S. 28.
[3] a.a.O. S. 35.
[4] kunstforum international Bd. 157/2001, Seite 135.
[5] Leane Schäfer, Gedankenskizzen nehmen Form an.
In: Edgar A. Eubel – Mitsichten. Essen 1997, S. 7.

aus dem Buch:
4 – 5 – 6 | **Zu Hause** | Seite 8/9 | 2004
Mischtechnik auf Papier | 44,5 cm x 33,5 cm

aus dem Buch:
An verschiedenen Orten | Seite 13 | 2005
Mischtechnik auf Papier | 44,5 x 33,5 cm

aus dem Buch:
Druckaustausch | Seite 7/8 | 2006
Mischtechnik auf Papier | 33,5 x 34 cm

aus dem Buch:
4 – 9 – 02 | Seite 22/23 | 2002
Mischtechnik auf Papier | 44,5 x 33,5 cm

aus dem Buch:
01 – 03/04 z.H. | Seite 20/21 | 2004
Mischtechnik auf Papier | 38 x 33,5 cm

aus dem Buch:
01 – 03/04 z.H. | Seite 22/23 | 2004
Mischtechnik auf Papier | 38 x 33,5 cm

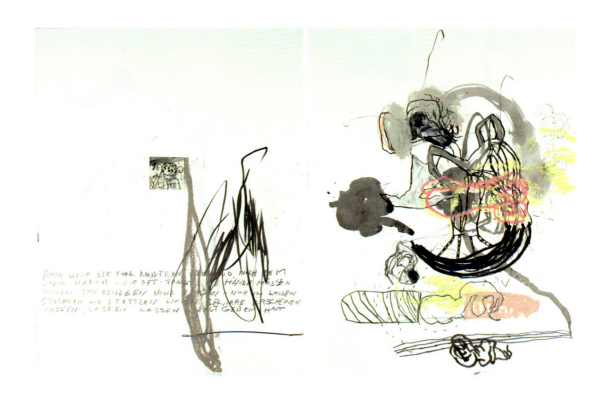

aus dem Buch:
4 – 9 – 02 | Seite 12/13 | 2002
Mischtechnik auf Papier | 44,5 x 33,5 cm

*Auch wenn der Kopf knisternd, rumorend nach dem
Wohin – Warum – wie oft fragt. Die Hände müssen
flitzen, sich bewegen ohne zu fragen – nur im Zucken
stochern und stotternd Liniengewirre erscheinen
lassen, lassen, lassen – Halt geben Halt*

aus dem Buch:
4 – 5 – 6 | **Zu Hause** | Seite 24/25 | 2004
Mischtechnik auf Papier | 34 x 24,5 cm

aus dem Buch:
Oktober/November | Seite 25 | 2003
Mischtechnik auf Papier | 32,5 x 26 cm

Ohne Titel | 2006
Acryl, Farbstift auf Maltuch | 187 x 153 cm

Peter Kerschgens | **Zeichenbücher als Kernstück der künstlerischen Aussage**

Beim Betrachten der Zeichenbücher von Edgar A. Eubel bin ich stets völlig von der Bilderwelt des Zeichners fasziniert. Meine Augen schweifen über die einzelne Seite, gehen auf Entdeckungsreise und verweilen bei Details in dem dicht bezeichneten Blatt, in dem mehrere Handlungen gleichzeitig stattfinden. Die phantasievolle, lustvolle, zum Teil auch gequälte Innenwelt offenbart sich facettenhaft. Edgar Antonius Eubel ist ein manischer Zeichner, der jeden Tag seine inneren Bilder in Zeichnungen umsetzt. Die Linien sind durchweg kräftig formuliert. Es gibt aber auch zerbrechliche, scheinbar nur auf das Blatt gehauchte Formen. Eubel teilt sich ständig in Bildern mit, erfindet neue Formen und Inhalte, setzt diese gekonnt grafisch um und erzählt so subtile innere Geschichten.

Der Zeichner gehorcht einem scheinbar inneren Diktat, das ihm ständig Assoziationsgebilde aus dem Unterbewussten einflößt, die er im Zeichenprozess herausfließen lässt, sie dabei reflektiert, bisweilen filtert und bildhaft Gestalt annehmen lässt. Dies wird vor allem in den Zeichenbüchern Eubels, die man durchaus als Tagebücher verstehen kann, immer wieder deutlich. Sie sind aus meiner Sicht das Kernstück der Eubel-Welt, denn sie sind ein Ideentresor, eine Art Energiepotential, das täglich – auch zur Urlaubszeit, was bedeutet, es gibt keinen Stillstand – neu aufgeladen wird. Das Studium der Zeichenbücher von Edgar A. Eubel führt zu Quellen der künstlerischen Produktion. Deshalb sind sie für mein KUNST-ARCHIV von immenser Bedeutung.

Rees | Oktober 2006

aus dem Buch:
Slatina (Kroatien) 7/05 | Seite 20/21 | 2005
Mischtechnik auf Papier | 33 x 26,5 cm

Ohne Titel | 2006
Acryl, Farbstift auf Maltuch | 187 x 152 cm

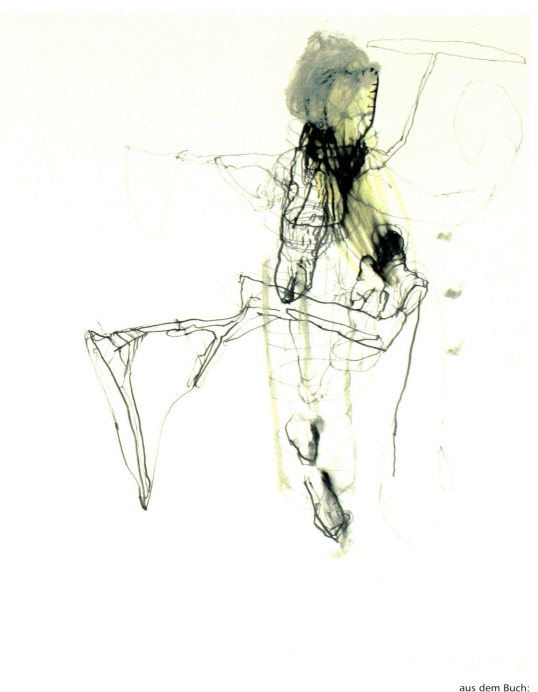

aus dem Buch:
21.06.06 | Seite 9 | 2006
Mischtechnik auf Papier | 32 x 27 cm

aus dem Buch:
4 – 5 – 6 | **Zu Hause** | Seite 12/13 | 2004
Mischtechnik auf Papier | 34 x 24,5 cm

aus dem Buch:
Slatina II | Seite 16/17 | 2005
Mischtechnik auf Papier | 43,5 x 34 cm

aus dem Buch:
21.01.06 | Seite 6/7 | 2006
Mischtechnik auf Papier | 32 x 27 cm

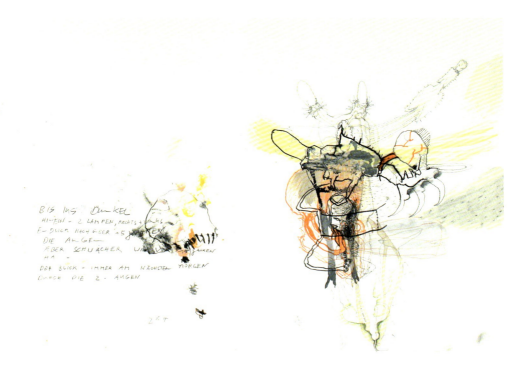

aus dem Buch:
Slatina (Kroatien) 7/05 | Seite 12/13 | 2005
Mischtechnik auf Papier | 33 x 26,5 cm

*Bis ins Dunkel
hinein – 2 Lampen, rechts + links
endlich nach über 15 Jahren / die Augen
aber schwächer wie vor 15 Jahren
ha – / der Blick – immer am nächsten Morgen
durch die 2 Augen*

aus dem Buch:
Oktober/November | Seite 15 | 2003
Mischtechnik auf Papier | 33,5 x 26 cm

aus dem Buch:
Druckaustausch | Seite 5 | 2006
Mischtechnik auf Papier | 43,5 x 34 cm

Verumwegungsrandbereiche II | 2005
Acryl, Kreide, Farbstift auf Maltuch | 232 x 155 cm | zweiteilig

1958 geboren in Essen | **1980** bis 85 Studium der Sonderpädagogik, Fachrichtung Kunst in Dortmund (1. Staatsexamen) | **1983** bis 85 freie Studien an der Fachhochschule für Grafik und Design in Dortmund | **1991** Mitglied im Vestischen Künstlerbund Recklinghausen | **1995** Märkisches Stipendium für Malerei, Lüdenscheid (einjähriges Gastatelier) | **1997** Mitglied im Westdeutschen Künstlerbund | lebt und arbeitet in Datteln und Recklinghausen

Einzelausstellungen | Auswahl

1989 | *Restlandschaften* | Künstlerhaus Dortmund | Katalog |
1990 | Galerie Schütte | Essen | **1991** | *Unbefangenheit verschwiegener Hülsen* | Kunsthaus Essen | **1992** | *Künstlerbuch* | Galerie Schütte | Essen |
1993 | *Frühlingsmarsch im Eisland* | Kunstverein Gelsenkirchen | Katalog |
1994 | *Märkisches Stipendium für bildende Kunst* | Lüdenscheid | **1995** | Städtische Galerie Lüdenscheid | Studio | Katalog | **1995** | Galerie Schütte | Essen | **1996** | *Konstellationen* | Galerie im Griesbad | Ulm | **1998** | *Zur Unverhältnismäßigkeit verloren gegangener Gedanken* | Künstlerhaus Goldstraße | Duisburg | **2000** | *Irrgärten ungerichteter Tiefengerüche* | Galerie des Westens | Bremen | **2001** | Galerie Schütte | Essen | **2004** | *Seelenflüge – Tiefenschärfe unbesehener Orte* | Kunstverein Kaponier | Vechta | **2005** | *Unter die Decke* | *Installierte Zeichnungen* | Galerie Anbau | Recklinghausen | **2005** | Städtische Turmgalerie Walkenbrückentor | Coesfeld | **2005** | *Verumwegungen – oder das nervöse Drommeln des Waldläufers* | Künstlerzeche Unser Fritz 2/3 | Herne | Katalog | **2006** | *Was wird sein, wenn der Moment, wo Du merkst, das Du flügellos bist* | Raum für experimentelle Kunst | Atelierhaus König-Ludwig 1/2 | Recklinghausen | **2006** | *Druckaustausch* | Saarländisches Künstlerhaus | Saarbrücken | Katalog

aus dem Buch:
An verschiedenen Orten | Seite 11 | 2005

Ausstellungsbeteiligungen | Auswahl

1993 | *Kurze Wege* | Kunst-Archiv Peter Kerschgens | Saarländisches Künstlerhaus | Saarbrücken | Katalog | **1993** | *Kunstpreis junger westen* | *Malerei* | Kunsthalle Recklinghausen | Katalog | **1994** | *wir hier* | Westdeutscher Künstlerbund | Kunsthalle Recklinghausen | Katalog | **1996** | Westdeutscher Künstlerbund | Gustav-Lübke-Museum | Hamm | Katalog | **1996** | *Linientreu* | Arbeiten aus dem Kunst-Archiv Peter Kerschgens | Städtisches Museum Wesel | Katalog | **1998** | *Kraft der Linie* | Kunst-Archiv Peter Kerschgens | Städtische Galerie Museum Strünkede | Herne | Katalog | **1999** | *Spektrum* | *drei Künstler aus Polen treffen drei Künstler aus Deutschland* | Museum Ostdeutsche Galerie Regensburg | Nationalmuseum Danzig | Katalog | **2002** | Westdeutscher Künstlerbund | Museum Bochum | Katalog | **2002** | *Große Kunstausstellung NRW* | Kunstpalast Düsseldorf | Katalog | regelmäßige Teilnahme seit 1990 (außer 2001/2003) | **2003** | *53 | 03 – 50 Jahre Vestischer Künstlerbund Recklinghausen* | Kunsthalle Recklinghausen | Katalog | **2003** | *In Figura* | Westdeutscher Künstlerbund | Flottmann-Hallen Herne | Herz- und Diabeteszentrum Bad Oeynhausen 2003/04 | Städtische Galerie Remscheid | Katalog | **2004** | *leporello* | *preis des vestischen künstlerbundes 2004* | Kutscherhaus Recklinghausen | Katalog | **2004** | *Große Kunstausstellung NRW* | Kunstpalast Ehrenhof | Düsseldorf | Katalog | **2005** | *Lohn der Arbeit* | Westdeutscher Künstlerbund | Verein für aktuelle Kunst/Ruhrgebiet e.V., Oberhausen | Herne, Gelsenkirchen, Mülheim an der Ruhr | Katalog | **2005** | *1:10* | *preis des vestischen künstlerbundes 2005* | Kutscherhaus Recklinghausen | Katalog | **2006** | *roundabout* | *preis des vestischen künstlerbundes 2006* | Kutscherhaus Recklinghausen | Katalog

Apparat IV | 2004
Papier, Pappe, Leim, Draht, Acryl | ca. 140 x 160 x 50 cm

Apparat III | 2003
Papier, Pappe, Leim, Draht, Holz, Acryl | ca. 140 x 160 x 50 cm

Edgar A. Eubel | Druckaustausch

Ausstellung | Katalog | Organisation

© Saarländisches Künstlerhaus Saarbrücken e. V.
Karlstraße 1 | D 66111 Saarbrücken
Telefon 0681.372485 | Fax: 0681.397328
www.kuenstlerhaus-saar.de
info@kuenstlerhaus-saar.de
30. November 2006 – 7. Januar 2007
Dienstag – Sonntag 10 – 18 Uhr | Mittwoch 10 – 22 Uhr

Katalog

Redaktion | Sandra Braun | Edgar A. Eubel
Text | Dr. Michael Jähne | Institut für aktuelle Kunst | Saarluis |
Peter Kerschgens | **Kunstarchiv Peter Kerschgens** | Rees
Fotos | Jörg Hannemann (Seite 4, 24, 28, 40, 46) | Norbert Bücker (alle anderen)
Gestaltung | Satz | Norbert Bücker
Druck | Bliesdruckerei | Blieskastel
Auflage | 500 Exemplare

ISBN 10 | 3-937046-82-8
ISBN 13 | 978-3-937046-82-2

Zur Ausstellung erscheint eine Edition:
Ohne Titel | 2006 | Originalzeichnung | Mischtechnik auf Papier
ca. 25 x 16,5 cm | Auflage 21 Exemplare | nummeriert | signiert

www.edgaraeubel.de

Die angegebenen Buchmaße beziehen sich auf das geschlossene Außenformat.